50道经典中式家常菜

作者:凯莉·约翰逊

Table of Contents

- 红烧肉
- 鱼香肉丝
- 宫保鸡丁
- 回锅肉
- 麻婆豆腐
- 西红柿炒鸡蛋
- 青椒土豆丝
- 蒜蓉炒菠菜
- 醋溜白菜
- 干煸四季豆
- 清蒸鲈鱼
- 酱爆鸡丁
- 酱牛肉
- 红烧鸡翅
- 水煮牛肉
- 葱爆羊肉
- 蒜香排骨

- 糖醋排骨
- 虾仁炒蛋
- 西兰花炒虾仁
- 鱼香茄子
- 香菇炒油菜
- 干锅花菜
- 醋溜土豆片
- 葱油拌面
- 白灼虾
- 蚝油生菜
- 青豆炒虾仁
- 红烧狮子头
- 咖喱鸡块
- 豆瓣酱烧豆腐
- 干煸豆角
- 蒸鸡蛋羹
- 鱼香豆腐
- 口水鸡
- 盐水鸭

- 酱香排骨
- 笋干烧肉
- 肉末茄子
- 家常豆腐
- 炒米粉
- 炒面
- 芹菜炒牛肉
- 干锅鸡翅
- 虾酱空心菜
- 番茄牛腩汤
- 红烧鲫鱼
- 香辣鸡爪
- 三杯鸡
- 葱姜炒蟹

红烧肉

材料：

- 五花肉 500 克
- 生姜片、葱段
- 老抽、生抽、料酒、冰糖

做法：

1. 五花肉切块，焯水去腥备用。
2. 锅中放少许油，加入冰糖炒成糖色。
3. 加入五花肉翻炒上色，加入料酒、生抽、老抽和姜葱。
4. 加水没过肉，焖煮1小时至软烂收汁即可。

鱼香肉丝

材料：

- 猪里脊肉 300 克，切丝
- 胡萝卜丝、木耳丝适量
- 葱姜蒜末
- 豆瓣酱、生抽、醋、糖、淀粉水

做法：

1. 肉丝用料酒、生抽、淀粉腌制 10 分钟。
2. 锅中热油爆香葱姜蒜末，加入肉丝炒变色。
3. 加入胡萝卜和木耳丝翻炒。
4. 调入豆瓣酱、生抽、糖和醋，倒入淀粉水勾芡，炒匀即可。

宫保鸡丁

材料：

- 鸡胸肉 300 克，切丁
- 花生米、干辣椒、葱姜蒜末
- 生抽、料酒、糖、醋、淀粉水

做法：

1. 鸡丁用料酒、生抽和淀粉腌制。
2. 锅中热油，炸花生米备用。
3. 爆香葱姜蒜和干辣椒，加入鸡丁炒熟。
4. 加入调味料（糖、醋、生抽），倒入淀粉水勾芡。
5. 撒入花生米翻炒均匀出锅。

回锅肉

材料：

- 五花肉 400 克
- 青蒜段、姜片、蒜片
- 郫县豆瓣酱、生抽、料酒

做法：

1. 五花肉煮熟切片备用。
2. 锅中放油，爆香姜蒜片，加入肉片煸炒。
3. 加入豆瓣酱炒出红油，加入青蒜炒匀即可。

麻婆豆腐

材料：

- 嫩豆腐300克，切块
- 牛肉末100克
- 豆瓣酱、蒜末、姜末、葱花
- 生抽、料酒、辣椒粉、花椒粉、淀粉水

做法：

1. 锅中热油，爆香蒜姜末和豆瓣酱。
2. 加入牛肉末炒散。
3. 加入豆腐块，轻轻翻炒。
4. 加生抽、料酒、辣椒粉、花椒粉，倒淀粉水勾芡。
5. 撒葱花出锅。

西红柿炒鸡蛋

材料：

- 西红柿 2 个，切块
- 鸡蛋 3 个
- 葱花、盐、糖

做法：

1. 鸡蛋打散炒熟盛出。
2. 锅中少油炒西红柿，加入盐和糖调味。
3. 加入炒好的鸡蛋快速翻炒均匀，撒葱花即可。

青椒土豆丝

材料：

- 土豆 1 个，切丝
- 青椒 1 个，切丝
- 蒜末、盐、醋、油

做法：

1. 土豆丝泡水去淀粉，沥干。
2. 锅中油热，爆香蒜末。
3. 加入土豆丝翻炒，快熟时加入青椒丝。
4. 加盐和少许醋调味，炒匀即可。

蒜蓉炒菠菜

材料：

- 菠菜 300 克
- 蒜蓉适量
- 盐、食用油

做法：

1. 菠菜洗净切段。
2. 锅中热油，爆香蒜蓉。
3. 加入菠菜大火快炒，加入盐调味。
4. 炒至菠菜软熟即可。

醋溜白菜

材料：

- 大白菜适量，切片
- 蒜末
- 醋、盐、糖、生抽

做法：

1. 锅热油，爆香蒜末。
2. 加入白菜快速翻炒。
3. 加盐、糖、生抽调味，最后淋入适量醋，翻匀出锅。

干煸四季豆

材料：

- 四季豆 300克，去筋切段
- 蒜末、干辣椒
- 盐、油

做法：

1. 四季豆焯水捞出沥干。
2. 锅中多油，放入四季豆煸炒至表面起皱。
3. 加入蒜末、干辣椒炒香，调盐出锅。

清蒸鲈鱼

材料：

- 鲈鱼 1 条
- 姜丝、葱段
- 盐、料酒、生抽、香油

做法：

1. 鲈鱼洗净抹盐、料酒，放姜丝葱段。
2. 水开后大火蒸8-10分钟。
3. 出锅后淋生抽和香油，撒葱花。

酱爆鸡丁

材料：

- 鸡胸肉 300 克，切丁
- 葱姜蒜末
- 甜面酱、生抽、料酒、糖

做法：

1. 鸡丁用料酒和生抽腌制。
2. 锅热油，爆香葱姜蒜。
3. 加鸡丁炒至变色，加入甜面酱和糖翻炒均匀即可。

酱牛肉

材料：

- 牛腱肉 500克
- 八角、桂皮、香叶
- 生抽、老抽、料酒、盐、冰糖

做法：

1. 牛肉洗净焯水。
2. 锅中加入香料、生抽、老抽、料酒、冰糖和足量水。
3. 放入牛肉，小火慢炖2小时，至软烂入味。

红烧鸡翅

材料：

- 鸡翅中 500克
- 姜片、葱段
- 生抽、老抽、料酒、糖

做法：

1. 鸡翅洗净焯水。
2. 锅中放油爆香姜葱，加入鸡翅煎至金黄。
3. 加料酒、生抽、老抽、糖和水，小火烧20分钟收汁。

水煮牛肉

材料：

- 牛肉片 300 克
- 豆芽适量
- 干辣椒、花椒、蒜末、姜末
- 豆瓣酱、生抽、料酒、盐、辣椒粉

做法：

1. 牛肉用料酒、生抽和淀粉腌制。
2. 豆芽焯水铺盘。
3. 锅中加油爆香蒜姜、豆瓣酱、干辣椒、花椒。
4. 倒入牛肉片快速滑炒，浇在豆芽上。

葱爆羊肉

材料：

- 羊肉片 300 克
- 葱段、姜片
- 生抽、料酒、盐、白胡椒粉

做法：

1. 羊肉用料酒、生抽腌制。
2. 锅热油，爆香姜片，加入羊肉快速翻炒。
3. 加入葱段，调盐和白胡椒粉，炒匀出锅。

蒜香排骨

材料：

- 排骨 500 克
- 蒜末、葱段
- 生抽、料酒、盐、糖

做法：

1. 排骨洗净焯水备用。
2. 锅中放油，爆香蒜末和葱段。
3. 加入排骨翻炒，调入生抽、料酒、盐和糖。
4. 加少量水焖煮至排骨熟烂，收汁即可。

糖醋排骨

材料：

- 排骨 500 克
- 姜片
- 醋、糖、生抽、料酒

做法：

1. 排骨焯水洗净。
2. 锅中放油炒香姜片，加入排骨煎至微黄。
3. 调入醋、糖、生抽、料酒和适量水，煮至收汁浓稠即可。

虾仁炒蛋

材料：

- 虾仁 150 克
- 鸡蛋 3 个
- 盐、葱花

做法：

1. 鸡蛋打散，加盐搅匀。
2. 锅热油，炒熟虾仁盛出。
3. 倒入蛋液炒至半熟，加入虾仁快速翻炒均匀，撒葱花即可。

西兰花炒虾仁

材料：

- 西兰花 200 克
- 虾仁 150 克
- 蒜末
- 盐、料酒

做法：

1. 西兰花焯水备用。
2. 锅中热油爆香蒜末，加入虾仁炒变色。
3. 加入西兰花，调盐和料酒，翻炒均匀即可。

鱼香茄子

材料：

- 茄子 2 根
- 葱姜蒜末
- 豆瓣酱、生抽、糖、醋、淀粉水

做法：

1. 茄子切条，油炸或煎软备用。
2. 锅中热油，爆香葱姜蒜末，加入豆瓣酱炒香。
3. 加入茄子，调入生抽、糖、醋。
4. 倒入淀粉水勾芡，炒匀即可。

香菇炒油菜

材料：

- 油菜 300 克
- 香菇 5 朵，切片
- 蒜末、盐

做法：

1. 锅中热油，爆香蒜末。
2. 加入香菇炒软，再放入油菜快炒。
3. 加盐调味，炒熟即可。

干锅花菜

材料：

- 花菜 300 克
- 干辣椒、花椒
- 蒜末、生姜片
- 豆瓣酱、生抽、盐

做法：

1. 花菜焯水备用。
2. 锅中热油，爆香蒜姜、干辣椒、花椒。
3. 加入豆瓣酱炒香，加入花菜翻炒。
4. 加生抽和盐调味，炒匀即可。

醋溜土豆片

材料：

- 土豆 1 个，切薄片
- 蒜末
- 醋、盐、糖、生抽

做法：

1. 土豆片泡水去淀粉，沥干。
2. 锅中热油，爆香蒜末。
3. 加入土豆片快炒，加盐、糖、生抽和醋，翻匀即可。

葱油拌面

材料：

- 面条适量
- 葱花
- 生抽、香油

做法：

1. 面条煮熟捞出。
2. 锅中放油烧热，倒入葱花炸香。
3. 淋在面条上，加入生抽和香油拌匀即可。

白灼虾

材料：

- 虾 500 克
- 姜片、葱段
- 盐

做法：

1. 锅中加水、姜片和葱段烧开。
2. 放入虾煮至变红，捞出沥干。
3. 可蘸酱油或姜醋食用。

蚝油生菜

材料：

- 生菜 300 克
- 蒜末
- 蚝油、盐

做法：

1. 生菜洗净焯水。
2. 锅中热油，爆香蒜末。
3. 加入蚝油和少许盐，倒入生菜快速翻炒均匀即可。

青豆炒虾仁

材料：

- 青豆 150 克
- 虾仁 150 克
- 蒜末、盐

做法：

1. 锅热油，爆香蒜末。
2. 加入虾仁炒变色。
3. 加入青豆炒熟，调盐出锅。

红烧狮子头

材料：

- 猪肉末 500 克
- 葱姜末
- 鸡蛋、淀粉
- 生抽、老抽、糖、料酒

做法：

1. 猪肉末加葱姜末、鸡蛋、淀粉、生抽、料酒拌匀，做成大肉丸。
2. 锅中热油，煎至金黄。
3. 加入调味料和水，小火焖煮40分钟至熟烂。

咖喱鸡块

材料：

- 鸡块 500克
- 洋葱、土豆、胡萝卜
- 咖喱粉、椰奶

做法：

1. 洋葱炒香后加入鸡块煸炒。
2. 加入土豆和胡萝卜翻炒。
3. 加咖喱粉和椰奶，炖煮至鸡肉熟软。

豆瓣酱烧豆腐

材料：

- 嫩豆腐 1 块
- 豆瓣酱、蒜末、姜末
- 生抽、糖

做法：

1. 豆腐切块，稍微煎黄备用。
2. 锅中爆香蒜姜末，加入豆瓣酱炒香。
3. 加入豆腐，调入生抽和糖，小火煮几分钟入味。

干煸豆角

材料：

- 豆角 300 克
- 蒜末、干辣椒
- 盐、油

做法：

1. 豆角切段焯水，沥干。
2. 锅中多油，放豆角煸炒至表面皱起。
3. 加蒜末和干辣椒炒香，调盐出锅。

蒸鸡蛋羹

材料：

- 鸡蛋 3 个
- 清水
- 盐

做法：

1. 鸡蛋打散，加等量温水和盐搅匀。
2. 过筛倒入碗中，盖上保鲜膜或盘子。
3. 蒸锅水开后中火蒸10-12分钟即可。

鱼香豆腐

材料：

- 嫩豆腐 1 块
- 葱姜蒜末
- 豆瓣酱、生抽、糖、醋、淀粉水

做法：

1. 豆腐切块，稍微煎软。
2. 锅中爆香葱姜蒜末，加入豆瓣酱炒香。
3. 加入豆腐，调入生抽、糖、醋。
4. 倒入淀粉水勾芡，炒匀即可。

口水鸡

材料：

- 鸡腿肉 500 克
- 花椒油、辣椒油、酱油、醋、蒜末、姜末、花椒粉、糖、葱花、芝麻

做法：

1. 鸡腿肉煮熟后切块摆盘。
2. 混合花椒油、辣椒油、酱油、醋、蒜末、姜末、糖、花椒粉制成调味汁。
3. 将调味汁淋在鸡块上，撒葱花和芝麻即可。

盐水鸭

材料：

- 鸭肉1只
- 盐、姜片、葱段、八角

做法：

1. 将鸭肉清洗干净，腌盐约1小时。
2. 锅中加入水，放入姜片、葱段、八角煮开。
3. 放入鸭肉，用小火煮熟，冷却后切片食用。

酱香排骨

材料：

- 排骨 500克

- 豆瓣酱、生抽、老抽、糖、葱姜

做法：

1. 排骨焯水，捞出备用。

2. 锅中油热，爆香葱姜，加入豆瓣酱炒香。

3. 加入排骨、生抽、老抽和糖，加水焖煮至酥烂入味。

笋干烧肉

材料：

- 五花肉 500 克
- 干笋干 100 克
- 生抽、老抽、糖、葱姜

做法：

1. 笋干泡发切段，五花肉切块焯水。
2. 锅中爆香葱姜，加入肉块煸炒。
3. 加入笋干、生抽、老抽、糖，加水焖煮至肉烂汤浓。

肉末茄子

材料：

- 茄子 2根
- 猪肉末 150克
- 葱姜蒜末、豆瓣酱、生抽、糖

做法：

1. 茄子切条，油炸或煎软备用。
2. 锅中炒香葱姜蒜末，加入肉末炒散。
3. 加入豆瓣酱、生抽、糖调味，加入茄子炒匀。

家常豆腐

材料：

- 老豆腐 1 块
- 青椒、胡萝卜、葱姜蒜
- 生抽、盐

做法：

1. 豆腐切块，煎至两面金黄。
2. 锅中爆香葱姜蒜，加入青椒和胡萝卜炒软。
3. 加入豆腐，调入生抽和盐，小火煮入味。

炒米粉

材料:

- 米粉 200 克
- 蔬菜（胡萝卜、豆芽、青菜）
- 鸡蛋、肉片或虾仁
- 生抽、盐

做法:

1. 米粉泡软备用。
2. 锅中油热,炒蛋和肉片。
3. 加入蔬菜炒软,再加入米粉炒匀,调入生抽和盐。

炒面

材料：

- 面条 200 克
- 胡萝卜、洋葱、青椒、肉丝
- 生抽、老抽、盐

做法：

1. 面条煮熟捞出。
2. 锅中爆香肉丝和蔬菜。
3. 加入面条，调入生抽、老抽和盐，炒匀即可。

芹菜炒牛肉

材料：

- 牛肉片 300克
- 芹菜 200克
- 蒜末、生抽、盐、胡椒粉

做法：

1. 牛肉片用生抽、盐、胡椒粉腌制10分钟。
2. 芹菜洗净切段。
3. 锅热油，炒香蒜末，放牛肉快速翻炒至变色。
4. 加入芹菜炒匀，调味后出锅。

干锅鸡翅

材料：

- 鸡翅 500克
- 干辣椒、花椒、蒜、姜
- 生抽、老抽、糖

做法：

1. 鸡翅洗净，稍微煎至金黄备用。
2. 锅中少油，爆香干辣椒和花椒。
3. 加入蒜姜炒香，放入鸡翅，加生抽、老抽和糖炒匀。
4. 小火煮几分钟收汁。

虾酱空心菜

材料：

- 空心菜 300 克
- 虾酱 1 大勺
- 蒜末

做法：

1. 空心菜洗净切段。
2. 锅热油，爆香蒜末，加入虾酱炒香。
3. 加入空心菜快速翻炒至熟，调味出锅。

番茄牛腩汤

材料:

- 牛腩 500克
- 番茄 3个
- 姜片、葱段
- 盐、胡椒粉

做法:

1. 牛腩切块焯水备用。
2. 锅中加水,放入牛腩、姜片、葱段煮开后小火炖煮1.5小时。
3. 番茄切块加入锅中,继续煮至牛腩软烂。
4. 加盐和胡椒调味。

红烧鲫鱼

材料:

- 鲫鱼1条
- 姜片、葱段
- 生抽、老抽、糖、料酒

做法:

1. 鲫鱼洗净,煎至两面金黄。
2. 锅中放油,爆香姜葱,加入生抽、老抽、糖和料酒调成汁。
3. 放入鱼,小火焖煮入味。

香辣鸡爪

材料：

- 鸡爪 500克

- 干辣椒、花椒、蒜、生姜

- 生抽、老抽、糖

做法：

1. 鸡爪洗净焯水备用。

2. 锅中热油，爆香干辣椒、花椒、蒜和姜。

3. 加入鸡爪和调味料，小火煮至入味。

三杯鸡

材料：

- 鸡块 500克
- 麻油、酱油、米酒各1杯
- 大蒜、姜片、九层塔

做法：

1. 锅中热麻油，爆香大蒜和姜片。
2. 放入鸡块翻炒，加入酱油和米酒。
3. 小火煮至汤汁浓稠，加入九层塔炒匀即可。

葱姜炒蟹

材料：

- 螃蟹1只
- 葱段、姜片
- 蒜末、生抽、盐

做法：

1. 螃蟹洗净切块备用。
2. 锅热油，爆香葱姜蒜。
3. 加入蟹块快速翻炒，调入生抽和盐，炒至熟透。